ARTICLES PARTICVLIERS EXTRAICTZ DES GENERAVX QVE le Roy à accordez à ceux de la Religion pretenduë reformee, lesquels sa Majesté n'a voulu estre compris esdits generaux, ny en l'Edict qui a esté faict & dressé sur iceux, donné à Nantes au mois de May, 1598.

ET NEANTMOINS ACCORDE SAdicte Maiesté qu'ils seront entierement accomplis & obseruez, tout ainsi que le contenu audit Edict: Et à ces fins seront registrez en ses Cours de Parlement & ailleurs où besoin sera, & toutes declarations & lettres necessaires en seront expediees.

I.

L'Article sixiesme dudict Edict touchant la liberté de conscience & permission à tous les subjects de sa Maiesté de viure & demeurer en ce Royaume & pays de son obeyssance, aura lieu : Et sera obserué selon sa forme & teneur, mesmes pour les Ministres, Pedagogues, que tous autres Professeurs & Maistres d'escolle, & generalement pour ceux qui sont & seront de ladicte Religion, soient regnicoles ou autres, en se comportant au reste, selon qu'il est porté par ledict Edict.

II.

Ne pourront estre ceux de ladite Religion cõtraincts de contribuer aux reparations & constructiõs des Eglises, Chappelles, & Presbiteres, ny à l'achapt des ornemens sacerdotaux, luminaires, fontes de cloches, pain benist, droict de Confrairie, loüage de maison pour la demeure des Prestres & Religieux, & autres choses semblables, sinõ qu'ils y fussent obligez par fondations, dotations ou autres dispositions faictes par eux ou leurs autheurs & predecesseurs.

III.

Ne seront aussi contraincts de tendre & parer le deuant de leurs maisons aux iours des Festes ordonnees pour ce faire: Mais seulement souffrir qu'il soit tendu, & par l'authorité des Officiers des lieux, sans que ceux de ladicte Religion contribuent aucune chose pour ce regard.

IV.

Ne seront pareillement tenus ceux de ladicte Religiõ de receuoir exhortations lors qu'ils seront malades ou prochains de la mort, soit par condamnation de iustice ou autremẽt, d'autres que de la mesme Religiõ: Et pourront estre visitez, cõsolez de leurs Ministres sans y estre troublez. Et quant à ceux qui seront condamnez par Iustice, lesdicts Ministres les pourront pareillement visiter & consoler. Les visitans en la prison y pourront faire les prieres: Et hors ladicte prison les assister & consoler sans faire prieres en public, sinon és lieux où ledit exercice public leur est permis par ledict Edict.

V.

Sera loisible à ceux de ladicte Religion de faire ledit exercice public d'icelle à Pimpoul: Et pour Diepe au fauxbourg du Poulet: Et seront lesdicts lieux de Pimpoul, & du Poulet, ordonnez pour lieux de Bailliages. Quant à Sanserre sera ledit exercice continué comme est à present, sauf à l'establir dans ladicte ville, faisant aparoir par les habitãs du cõsentement du Seigneur du lieu, àquoy leur sera pourueu par les Cõmissaires que sa Maiesté deputera pour l'executiõ de l'Edit. Pouruoirõt aussi lesdits Cõmissaires à ceux de ladicte Religion des villes de Chaalons sur Marne, Vassy, & Vitry le François: En leur permettant ledict exercice dans lesdictes villes ou fauxbourgs d'icelles pendant la guerre, s'ils n'en peuuent iouyr en seureté és lieux où ils le doiuent auoir par ledict Edict. Sera aussi ledict exercice libre & public restabli dans la ville de Montagnac au bas du Languedoc.

VI.

Sur l'article faisant mention des Bailliages, a esté declaré & accordé ce qui s'ensuit. Premierement, que pour l'establissement de l'exercice de ladicte Religion és deux lieux accordez en chacun Bailliage, Senechaussee, & gouuernement, ceux de ladicte Religion nommeront deux villes, és fauxbourgs desquelles ledit excercice sera establi par les Cōmissaires que sa Maiesté deputera pour l'execution de l'Edict. Et où il ne seroit iugé à propos par eux, nommeront ceux de ladicte Religion deux ou trois bourgs ou villages proches desdictes villes & pour chacune d'icelles, dont lesdicts Commissaires en choisiront l'vn: Et si par hostilité, contagion, ou autre legitime empeschement, il ne peut estre continué esdits lieux, leur en seront baillez d'autres pour le temps que durera ledit empeschement. Secondement qu'au gouuernement de Picardie ne sera pourueu que de deux villes, aux fauxbourgs desquelles ceux de ladicte Religion pourront auoir l'exercice d'icelle pour tous les Bailliages, Seneschaussees & gouuernemens qui en dépendent. Et où il ne seroit iugé à propos, de l'establir esdites villes, leur seront baillez deux bourgs ou villages commodes. Tiercement, pour la grande estenduë de la Senechaussee de Prouence & Bailliage de Viennois, sa Majesté accorde en chacun desdits Bailliages & Senechaussees vn troisiesme lieu, dont le chois & nomination se fera comme dessus pour y establir exercice de ladite Religion, outre les autres lieux où il est desià estably.

VII.

Ce qui est accordé par ledit article pour l'exercice de ladicte Religion ez Bailliages, aura lieu pour les terres qui appartiennent à la feuë Royne belle-mere de sa Majesté, & pour le Bailliage de Beaujolois.

VIII.

Outre les deux lieux accordez pour l'exercice de ladicte Religion par les articles particuliers de l'an mil cinq cens soixante dix-sept ez Isles de Marennes & Oleron, leur en seront donnez deux autres à la commodité desdicts habitans, sçauoir vn pour toutes les Isles de Marennes, & vn autre pour l'Isle d'Oleron.

IX.

Les Prouisions octroyees par sa Majesté pour l'exercice de ladite Religiō en la ville de Mets, sortiront leur plain & entier effect.

X.

Sadite Majesté veut & entend, que l'article vingt-septiesme de son Edit, touchãt l'admissiõ de ceux de ladicte Religion pretenduë reformee aux Offices & dignitez, soit obserué & entretenu selon sa forme & teneur, nonobstant les Edicts & accords cy deuant faicts pour la reduction d'aucuns Princes, Seigneurs, Gentils-hommes, & villes Catholiques en son obeïssance, lesquels n'auront lieu au preiudice de ceux de ladicte Religion, qu'en ce qui regarde l'exercice d'icelle. Et sera ledit exercice reglé selõ & ainsi qu'il est porté par les articles qui s'ensuyuent, suiuãt lesquels seront dressees les instructions des Commissaires que sa Majesté deputera pour l'execution de son Edict, selon qu'il est porté par iceluy.

XI.

Suiuant l'Edict fait par sa Maiesté pour la reduction du Sieur Duc de Guise, l'exercice de la Religion reformee ne pourra estre fait ny estably dans les villes & faux-bourgs de Reims, Rocroy, Sainct Disier, Guise, Ioinuille, Moncornet, & Ardannes.

XII.

Ne pourra aussi estre fait ez autres lieux ez enuirons desdites villes & places defenduës par l'Edit de l'an mil cinq cens soixante & dix-sept.

XIII.

Et pour oster toute ambiguité qui pourroit naistre sur le mot, ez enuirons. Declare sa Majesté auoir entendu parler des lieux qui sont dans la banlieuë desdites villes, esquels lieux l'exercice de ladicte Religion ne pourra estre estably, sinon qu'il y fust permis par l'Edict de soixante dix-sept.

XIIII.

Et d'autant que par iceluy l'exercice estoit permis generalement és fiefs possedez par ceux de ladite Religiõ, sans que ladite banlieuë en fust exceptee, Declare sadite Majesté que la mesme permission aura lieu, mesmes ez fiefs qui seront dedans icelle tenus par ceux de ladite Religion, ainsi qu'il est porté par son Edict donné à Nantes.

XV.

Suiuant auſſi l'Edict fait pour la reduction du Sieur Mareſchal de la Chaſtre en chacun des Bailliages d'Orleans & Bourges, ne ſera ordonné qu'vn lieu de Bailliage pour l'exercice de ladite Religiõ, lequel neantmoins pourra eſtre continué ez lieux où il leur eſt permis de le continuër par ledit Edict de Nantes.

XVI.

La conceſſion de preſcher ez fiefs aura pareillement lieu dans leſdits Bailliages en la forme portee par ledit Edict de Nantes.

XVII.

Sera pareillement obſerué l'Edict fait pour la reductiõ du Sieur Mareſchal de Bois-Dauphin: Et ne pourra ledit exercice eſtre fait ez villes, faux-bourgs, & places, amenees par luy au ſeruice de ſa Majeſté. Et quãt aux enuirons ou banlieuë d'icelles, y ſera l'Edit de l'an ſoixante & dix-ſept obſerué, meſmes ez maiſons de fief, ainſi qu'il eſt porté par ledit Edict de Nantes.

XVIII.

Ne ſe fera aucun exercice de ladite Religion ez villes faux-bourgs & chaſteau de Morlais ſuiuant l'Edict fait ſur la reduction de ladite ville: Et ſera l'Edict de ſoixante dixſept obſerué au reſſort d'icelle, meſmes pour les fiefs ſelon l'Edict de Nantes.

XIX.

En conſequence de l'Edit pour la reduction de Quinpercorantin ne ſera faict aucun exercice de ladite Religion en tout l'Eueſché de Cornouaille.

XX.

Suiuant auſſi l'Edict fait pour la reduction de Beauuais, l'exercice de ladite Religion ne pourra eſtre faict en ladicte ville de Beauuais ny trois lieuës à la ronde: Pourra neantmoins eſtre faict & eſtably au ſurplus de l'eſtenduë du Bailliage aux lieux permis par l'Edict de ſoixante dixſept, meſmes ez maiſons de fiefs, ainſi qu'il eſt porté par l'Edict de Nantes.

XXI.

Et d'autant que l'Edict faict pour la reduction du feu ſieur Admiral de Vilars n'eſtoit que prouiſionnel, & iuſques à ce que par le Roy en euſt eſté autrement ordonné, sa Majesté veut & entend que nonobstant iceluy, son Edit de Nantes ait lieu pour les villes, & ressorts amenez en son obeyssance par ledit sieur Admiral, comme pour les autres lieux de son Royaume.

XXII.

En suitte de l'Edict faict pour la reduction du sieur de Ioyeuse, l'exercice de ladite Religion ne pourra estre faite en la ville de Tholouze, fauxbourgs d'icelle & quatre lieuës à la ronde, ny plus pres que sont les villes de Villemur, Carman & Isle-iordan.

XXIII.

Ne pourra aussi estre permis és villes Dallet, Fiac, Auriac & Montesquiou, à la charge toutesfois, que si ausdites villes aucuns de ladite Religiō faisoiēt instance d'auoir vn lieu pour l'exercice d'icelle : leur sera par les Commissaires que sa Maiesté deputera pour l'executiō de son Edict, ou par les Officiers des lieux, assigné pour chacune desdites villes lieu commode & de seur accez, qui ne sera esloigné desdites villes de plus d'vne lieuë.

XXIV.

Pourra ledit exercice estre estably selon & ainsi qu'il est porté par ledit Edict de Nantes au ressort de la Cour de Parlement de Tholouze, excepté toutesfois és Bailliages & Senechaussees & leurs ressorts, dont le siege Presidial a esté ramené en l'obeyssance du Roy par ledit sieur Duc de Ioyeuse, ausquels l'Edict de soixante dix-sept aura lieu : Entend toutesfois sadite Maiesté que ledit exercice puisse estre cōtinué és endroicts desdits Bailliages & Seneschaussees où il estoit du temps de ladite reduction : Et que la concession d'iceluy és maisons de fief ait lieu dans iceux Bailliages & Seneschaussees, selon qu'il est porté par ledit Edict de Nātes.

XXV.

L'Edict fait pour la reduction de la ville de Dijon sera obserué, & suiuant iceluy n'y aura autre exercice de Religion que de la Catholique, Apostolique, & Romaine en ladite ville & fauxbourgs d'icelle, ny quatre lieuës à la ronde.

XXVI.

Sera pareillement obserué l'Edict faict pour la reduction du sieur Duc de Mayenne, suiuant lequel ne pourra l'exercice de ladite Religion pretenduë reformee estre fait ez villes de Chaalon, Seurre, & Soissons, Bailliage dudit Chaalon, & deux lieuës ez enuirons de Soissons durant le temps de six ans, à commencer au mois de Ianuier mil cinq cents quatre-vingts seize, passé lequel temps, y sera l'Edict de Nantes obserué comme aux autres endroits de ce Royaume.

XXVII.

Sera permis à ceux de ladite Religion de quelque qualité qu'ils soient, d'habiter, aller & venir librement en la ville de Lyō, & aux autres villes & places du gouuernement de Lyonnois : Nonobstant toutes defenses faictes au contraire par les Sindicques & Escheuins de ladite ville de Lyon & confirmees par sa Maiesté.

XXVIII.

Ne sera ordonné qu'vn lieu de Bailliage pour l'exercice de ladicte Religion en toute la Seneschaussee de Poictiers, outre ceux où il est à present estably: Et quāt aux fiefs, sera suiuy l'Edict de Nantes, sera aussi ledict exercice continué dans la ville de Chauuigny.

XXIX.

Ne pourra ledit exercice estre estably dans les villes d'Agen & Perigueux, encores que par l'Edict de soixante dixsept il y peut estre.

XXX.

Ny aura que deux lieux de Bailliage pour l'exercice de ladite Religion en tout le gouuernement de Picardie, comme il a esté dict cy dessus. Et ne pourront lesdicts deux lieux estre donnez dans le ressort du Bailliage & gouuernement reseruez par les Edicts faits sur la reduction d'Amiens, Peronne, Abbeuille: Pourra toutes-fois ledit exercice estre fait ez maisons de fiefs par tout ledit gouuernemēt de Picardie selon & ainsi qu'il est porté par l'Edict de Nantes.

XXXI.

Ne sera faict aucun exercice de ladite Religion en la ville & fauxbourgs de Sens, & ne sera ordonné qu'vn lieu de Bailliage pour ledit exercice en tout le ressort du Bailliage, sans preiudice toutesfois de la prouision accordee pour les maisons de fiefs, laquelle aura lieu selon l'Edict de Nantes.

XXXII.

Ne pourra semblablement estre faict ledit exercice en la ville & fauxbourgs de Nãtes, & ne sera ordõné aucun lieu de Bailliage pour ledit exercice à trois lieuës à la ronde de ladite ville. Pourra toutesfois estre faict és maisons de fiefs, suiuant iceluy Edict de Nantes.

XXXIII.

Veut & entend sadite Maiesté que sondit Edict de Nantes soit obserué dés à present en ce qui concerne l'exercice de ladite Religion és lieux où par les Edicts ou accords faicts pour la reduction d'aucuns Princes, Seigneurs, Gentils-hommes, & villes Catholiques il estoit inhibé par prouision tant seulement, & iusques à ce qu'autrement fust ordonné. Et quant à ceux où ladite prohibitiõ est limitée à certain temps, passé le temps elle n'aura plus de lieu.

XXXIV.

Sera baillé à ceux de ladite Religion vn lieu pour la ville, preuosté, & vicomté de Paris, à cinq lieuës pour le plus de ladite ville, auquel ils pourront faire exercice public d'icelle.

XXXV.

En tous lieux où l'exercice de ladicte Religion se fera publicquement, on pourra assembler le peuple, mesme à son de cloche, & faire tous actes & functions appartenans tant à l'exercice de ladicte Religion, qu'aux reiglemens de la discipline, comme tenir Consistoires, Colloques, & Synodes, Prouinciaux & Nationnaux par la permission du Roy.

XXXVI.

Les Ministres, Anciens, & Diacres de ladicte Religiõ ne pourront estre contraincts de respondre en iustice en qualité de tesmoings pour les choses qui auront esté reuelées en leurs Consistoires lors qu'il s'agist de censures ecclesiastiques, sinon que ce feust pour choses concernantes la personne du Roy, ou à la conseruation de son Estat.

XXXVII.

Sera loisible à ceux de ladite Religion, qui demeurent aux champs, d'aller à l'exercice d'icelle és villes, fauxbourgs, & autres lieux où il sera publiquement estably.

38. Ne

XXXVIII.

Ne pourront ceux de la Relig ion, tenir escolles publicques, sinon ez villes & lieux où l'exercice public d'icelle leur est permis : Et les prouisions qui leur ont cy deuant esté accordees pour l'erection & entretenement des Colleges seront verifiees où besoin sera, & sortiront leur plain & entier effect.

XXXIX.

Sera loysible aux peres faisans profession de ladicte Religion de pouruoir à leurs enfans de tels educateurs que bon leur semblera, & en substituer vn ou plusieurs par testament, codicile, ou autre declaration passee par deuant Notaires , ou escrite & signee de leurs mains: demeurans les loix receuës en ce Royaume, ordonnances, & coustumes des lieux en leur force & vertu pour les donations & prouisions de Tuteurs & Curateurs.

XL.

Pour le regard des mariages des Prestres & personnes religieuses qui ont esté cy deuant contractez, sadicte Majesté ne veut ny n'entend pour plusieurs bonnes raisons & considerations qu'ils en soient recherchez ne molestez, & sera sur ce imposé silence à ses Procureurs generaux & autres Officiers d'icelle. Declare neantmoins sadicte Majesté qu'elle entend que les enfans yssus desdicts mariages pourront succeder seulement ez meubles, acquests, & conquests immeubles de leurs peres & meres, & au defaut desdits enfans les parens plus proches & habilles à succeder: Et les testamés, donations, & autres dispositions faites ou à faire par personnes de ladite qualité, des biens meubles, aquests, & conquests immeubles sont declarees bonnes & vallables. Ne veut toutes-fois sadite Majesté que lesdicts Religieux & Religieuses profez, puissent venir à aucune succession directe ny colaterale , ains seulement pourront prendre les biens qui leur ont esté ou seront laissez par testament, donations, ou autres dispositions: Excepté toutesfois ceux desdites successions directes & coleterales. Et quand à ceux qui auront fait profession auant l'aage porté par les Ordonnances d'Orleans & Blois, sera suyuie & obseruee en ce qui regarde lesdictes successions, la teneur desdites ordonnances chaeune pour le temps qu'elles ont eu lieu.

XLI.

Sa Majesté ne veut aussi que ceux de ladite Religion, qui auront cy deuant contracté ou contracteront cy apres mariages au tiers & quart degré en puissent estre molestez, ny la vallidité desdits contracts reuoquee en doubte, ny pareillement la succession ostee ny querellee aux enfans naiz ou à naistre d'iceux : Et quand aux mariages qui pourroient estre jà contractez en second degré, ou de second au tiers entre ceux de ladicte Religion, se retirans deuers sa Majesté ceux qui seront de ceste qualité, & auront contracté mariage en tel degré, leur seront baillees telles prouisions qui leur seront necessaires à fin qu'ils n'en soient recherchez ny molestez, ny la succession querellee ny debatuë à leurs enfans.

XLII.

Pour iuger de la validité des mariages faicts & contractez par ceux de ladite Religion, & decider s'ils sont licites, si celuy d'icelle Religion est different, en ce cas le iuge Royal cognoistra du faict dudit mariage : & où il seroit demandeur, & le defendeur Catholique, la cognoissance en appartiendra à l'Official & Iuges Ecclesiastiques, & si les deux parties sont de la Religion, la cognoissance en appartiendra aux Iuges Royaux: Voulant sadicte Maiesté, que pour le regard desdits mariages & differents qui suruiendront pour iceux, les Iuges Ecclesiastiques & Royaux, ensemble les Chambres establies par son Edict en cognoissent respectiuement.

XLIII.

Les donations & legats faicts & à faire, soit par disposition de derniere volonté, à cause de mort, ou entre vifs, pour l'entretenement des Ministres, Docteurs, Escoliers, & pauures de ladite Religion pretenduë reformee, & autres causes pies, seront vallables & sortiront leur plain & entier effect, nonobstant tous iugemens, arrests & autres choses à ce contraire, sans preiudice toutesfois des droicts de sa Maiesté & l'autruy, en cas que lesdits legats & donations tombent en main morte : & pourront toutes actions & poursuittes necessaires pour la iouyssance desdicts legats, causes pies, & autres droicts, tant en iugement, que dehors, estre faictes par Procureur soubs le nom du corps & communauté de ceux de l'Eglise, ou communauté de ladite Religion qui y aura interest, & s'il se trouue qu'il ait esté cy deuant disposé desdites donations & legats autremẽt qu'il n'est porté par ledit article, ne s'en pourra pretendre aucune restitution, que sur ce qui s'en trouuera encore en nature.

XLIV.

Permet sa Maiesté à ceux de ladite Religion eux assembler pardeuant le Iuge Royal, & par son authorité esgaler & leuer sur eux telle somme de deniers qu'il sera attribué estre necessaire pour estre employee pour les fraiz de leurs Sinodes, & entretenemẽt de ceux qui ont charge pour l'exercice de leurdite Religion, dont l'on baillera l'estat audit Iuge Royal pour iceluy garder, la coppie duquel estat sera enuoyée par ledit Iuge Royal de six en six mois à sadicte Maiesté, ou à son Chancelier, & seront les taxes & impositions desdicts executoires, nonobstant oppositions ou appellations quelconques.

XLV.

Les Ministres de ladicte Religion seront exempts des gardes & rondes, loger des gens de guerre, & autre assiette, & cuillette de taille, ensemble des tutelles & curatelles, & commissions pour la garde des biens saisis par authorité de iustice.

XLVI.

En cas que les Officiers de sa Maiesté ne pouruoyent de lieux commodes pour les sepultures de ceux de ladite Religion dans le temps porté par l'Edict, apres leur requisition, & qu'il soit vsé de longueur & remise pour ce regard, sera loisible à ceux de ladicte Religiõ d'enterrer les morts dans les Cimetieres des Catholiques aux villes & lieux où ils sont en possession de le faire, iusques à ce qu'il leur soit pourueu. Et quand aux pauures les enterremens de ceux de ladicte Religion faicts par cy deuant aux Cimetieres desdits Catholiques en quelque lieu ou ville que ce soit, n'entẽd sadite Maiesté qu'il en soit faict aucune recherche, innouatiõ & poursuitte, & sera enjoinct à ses Officiers d'y tenir la main. Pour le regard de la ville de Paris, outre les deux Cimetieres que ceux de ladite Religion y ont presentement, à sçauoir celuy de la Trinité & celuy de sainct Germain, leur sera baillé vn troisiesme lieu commode pour lesdictes sepultures aux fauxbourgs S. Honoré, ou S. Denys.

XLVII.

Les Presidens & Conseillers Catholiques qui seruiront en la Chambre ordonnee au Parlement de Paris, seront choisis par sa Maiesté sus le tableau des Officiers dudit Parlement, & y seront employez personnages equitables, paisibles & moderez.

XLVIII.

Les Conseillers de ladicte Religion pretenduë reformee qui seruiront en ladicte Chambre assisteront si bon leur semble és proces qui se vuiderōt par Cōmissaires, & y auront voix deliberatiue, sans qu'ils ayent part aux deniers consignez, sinon lors que par l'ordre & prerogatiue de leur reception ils y deuront assister.

XLXIX.

Le plus ancien President des Chambres my-parties presidera en l'audience, & en son absence le second, & se fera la distribution des proces par les deux Presidens, ou alternatiuement par mois ou par sepmaines.

L.

Aduenant vacation des Officiers dont ceux de ladite Religion sont ou seront pourueuz ausdictes Chambres de l'Edict, y sera pourueu de personnes capables qui auront attestation du Sinode ou Colloque dont ils seront, qu'ils sont de ladite Religion & gens de bien.

LI.

L'abolition accordee à ceux de ladite Religion pretenduë reformee par le lxxiiii. article dudit Edict, aura lieu pour la prise de tous deniers Royaux, soit par ruptures de coffres, ou autrement, mesmes pour le regard de ceux qui se leuoient sur la riuiere de Charante, encores qu'ils eussent esté affectez & assignez à des particuliers.

LII.

L'article quarante sixiesme des articles secrets faicts en l'annee mil cinq cens soixante dixsept, touchant la ville & Archeuesché d'Auignon & Conté de Venise, ensemble le traicté faict à Nismes seront obseruez selō leur forme & teneur, & ne seront aucunes lettres de marque en vertu desdits articles & traictez donnees que par lettres patentes du Roy, seelles de son grand sceau: Pourront neantmoins ceux qui les voudront obtenir se pouruoir en vertu du presẽt article, & sans autre commission pardeuant les Iuges Royaux, lesquels informeront des contrauentions, deny de iustice, & iniquité de iugement proposee par ceux qui desireront obtenir lesdites lettres, & les enuoyront auec leurs auis clos & seellez à sa Maiesté, pour en estre ordonné comme elle verra estre à faire par raison.

LIII.

Sa Majesté accorde & veut que Maistre Nicolas Grimoult soit restably & maintenu au tiltre & possession des Offices de Lieutenant general ciuil antien, & de Lieutenant general criminel au Bailliage d'Alençon, nonobstant la resignation par luy faite à Maistre Iean Marguerit, reception d'iceluy, & la prouision obtenuë par Maistre Guillaume Bernard de l'office de Lieutenãt general ciuil & criminel au siege d'Axms & les Arrests donnez contre ledit Marguerit resignateur, durant les troubles, au Conseil priué, ez annees mil cinq cens quatre vingts six, quatre vingts sept, & quatre vingts huit, par lesquels Maistre Nicolas Barbier est maintenu ez droits & prerogatiues de Lieutenãt general antien audict Bailliage, & ledit Bernard audit office de Lieutenant à Axms, lesquels sa Majesté a cassez & annullez, & tous autres à ce cõtraires. Et outre sadite Majesté pour certaines bonnes considerations, a accordé & ordonné que ledit Grimoult remboursera dedans trois mois ledit Barbier de la finance qu'il a fournie aux parties casuelles pour l'office de Lieutenant general ciuil & criminel en la Vicõté d'Alençon, & de cinquante escus pour les frais, commettant à ceste fin le Bailly du Perche ou son Lieutenant à Mortaigne, & le remboursement fait, ou bien que ledit Barbier soit refusant ou dilayant de le receuoir, sadite Majesté a defendu audit Barbier comme aussi audit Bernard apres la signification du present article de plus s'ingerer en l'exercice desdits offices à peine de crime de faux. Et enuoye iceluy Grimoult en la ioyssance d'iceux offices & droits y appartenant: Et en ce faisant les procez qui pendans estoient au Conseil priué de sa Majesté entre lesdits Grimoult, Barbier, & Bernard demeureront terminez & assoupis, defendant sadite Majesté aux Parlemens & tous autres d'en prendre cognoissance, & ausdites parties d'en faire poursuitte. Et outre sadite Majesté s'est chargee de rembourser ledit Bernard de mil escus fournis aux parties casuelles pour iceluy office: & de soixante escus pour le marc d'or & fraiz : Ayant pour cest effect presentement ordonné bonne & suffisante assignation de recouurement laquelle se fera à la diligence & fraiz dudict Grimoult.

LIIII.

Sadite Majesté escrira à ses Ambassadeurs de faire instance & poursuitte pour tous ses subjects, mesmes ceux de ladite Religion pretenduë reformee à ce qu'ils ne soyent recherchez en leurs consciences ny subiects à l'inquisition, allans, venans, sejournans, negotians, & trafiquans par tous les pays estrangers, alliez & confederez de ceste Couronne, pourueu qu'ils n'offencét la police des pays où ils seront.

LV.

Tous ceux de ladite Religion pretenduë reformee qui sont demeurez titulaires des benefices serōt tenus les resigner dans six mois, à personnes Catholiques: Et ceux qui ont promesses de pensions sur lesdits benefices en seront payez, & le payement desdites pensions continué, & seront ceux qui doiuent lesdites pēsions contraints leur payer les arrerages si aucuns y a, pourueu qu'ils ayent actuellement iouy des fruicts d'iceux benefices, excepté toutesfois les arrerages escheus durant les troubles.

LVI.

Ne veut sa Majesté qu'il soit faict aucune recherche de la perception des impositions qui ont esté leuees à Royan en vertu du contract fait auec le sieur de Cambley & autres faictes en continuation d'iceluy, vallidant & approuuant ledit contract pour le temps qu'il a eu lieu en son contenu iusqu'au huictiesme iour de May prochain.

LVII.

Les excez aduenus en la personne d'Armand Courtanes dans la ville de Milans en l'an M. D. LXXXVII. & de Iean Remes & Pierre Singuret, ensemble les procedures faites cõtre-eux par les Cõsuls dudit Millans, demeurẽt abollies & assoupies par le benefice de l'Edit, sans qu'il soit loisible à leurs vefues & heritiers ny aux Procureurs generaux de sa Maiesté, leurs substituts ou autres personnes quelconques d'en faire mention, recherche ny poursuitte, nonobstant & sans auoir esgard à l'Arrest donné en la Chambre de Castres le dixiesme iour de Mars dernier, lequel demeurant nul & sans effect, ensemble toutes les informations & procedures faictes de part & d'autre.

LVIII.

Toutes poursuites, procedures, Sentences, Iugemens, & Arrests donnez tant contre le feu sieur de la Nouë, que contre le sieur Odet de la Nouë son fils, depuis leurs detentions & prisons en Flandres, aduenuës au mois de May mil cinq cens quatre vingts, & de Nouembre mil cinq cens quatre vingts quatre, & pendant leur continuelle occupation au faict des guerres & seruice de sa Maiesté, demeureront cassez & annullez, & tout ce qui en est ensuiuy en consequence d'iceux : & seront lesdits de la Nouë receuz en leurs defences, & remis en tel estat qu'ils estoient auparauant lesdits iugemens & arrests, sans qu'ils soient tenus refonder les despens, ny consigner les amendes s'y aucunes ils auoient encouruës, ny qu'on puisse alleguer contre eux aucune peremption d'instance ou prescription pendant ledict temps.

Faict par le Roy en son Conseil à Nantes le deuxiesme iour de May, mil cinq cens quatre vints dixhuict.

FIN.

www.ingramcontent.com/pod-product-compliance
Lightning Source LLC
LaVergne TN
LVHW050517160826
845677LV00003B/1185
* 9 7 8 2 3 2 9 6 3 1 7 8 3 *